# QUI A FAIT LA FRANCE?

PARIS

IMPRIMERIE BALITOUT, QUESTROY ET C$^e$,

Rue de Valois, 18, et rue Baillif, 7

# QUI A FAIT

LA

# FRANCE?

PARIS

E. DENTU, LIBRAIRE-ÉDITEUR

PALAIS-ROYAL, 17 ET 19, GALERIE D'ORLÉANS

—

1868

# QUI A FAIT LA FRANCE ?

Qui a fait la France ?

C'est-à-dire, qui a fondé cette nationalité forte, compacte ; qui a conquis ce territoire lambeau par lambeau ; qui a réuni et soudé les unes aux autres ces provinces éparses, pour en former un royaume appelé à juste titre « le plus beau après celui du ciel ? »

Il y a un siècle à peine, une pareille question eût été regardée comme un jeu puéril ; car alors on n'avait pas encore appris aux Français à renier les gloires de leurs pères. Il n'avait pas encore surgi d'innombrables écoles soi-disant historiques, se partageant la tâche de tronquer, de dénaturer chacun des points de l'histoire nationale. Les révolutions n'avaient pas encore fait éclore une multitude de petits thaumaturges destinés à ouvrir l'ère nouvelle, et qui s'installent avec tant de dédain et de suffisance au milieu de nos ruines. Il y a à peine un siècle, et même moins, la France se connaissait ; la France n'avait pas besoin d'apprendre ses origines, de s'informer quels avaient été ses guides à travers les âges ; la France savait qui l'avait faite. Maintenant elle ne le sait plus.

Qui a fait la France ?

Tant de gens prétendent avoir fait la France ! Ils le disent de haut, et le font répéter ; ils l'écrivent et le font écrire tous les jours, dans toutes les langues.

Qui a fait la France ?

Nous allons le dire à notre tour ; nous allons le rappeler à une génération oublieuse. Nous ne ferons en quelque sorte qu'une vérification de papiers, nous ne dresserons qu'un acte d'acquisition.

Ce n'est pas un pamphlet que nous écrivons ; nous ne cherchons pas à faire tomber d'amers reproches sur les partis ; nous opérons une simple restitution. Nous n'aurions garde de nous écarter des limites que les constitutions de l'Empire ont fixées à l'écrivain, et nous n'abuserons pas de la munificence de la législation actuelle sur la presse. Mais puisqu'on juge opportun de produire des *Titres,* il faut bien que chacun ait la liberté d'apporter les siens. On demande des Titres, en voilà.

Trois provinces ont formé le noyau de la France, le centre de l'unité nationale, le point de départ de notre grandeur. Ce sont l'Ile-de-France, l'Orléanais, la Picardie, qui ne furent jamais entièrement aliénées, même au milieu de nos plus cruels désastres. Elles portaient le nom de Duché de France, et étaient le patrimoine de la race de Robert le Fort. La vaillance de cette race avait maintes fois sauvé la France des invasions des Barbares ; et, suivant une idée exprimée par Chateaubriand, elle avait versé son sang pour les Français avant que les Français versassent le leur pour elle. Quand la descendance de Robert le Fort prit en main les destinées de la patrie, l'œuvre des premiers fondateurs allait périr ; l'empire des Clovis et des Charlemagne était démembré, et Hugues Capet avait à reconstituer un État. C'est autour du Duché de France qu'allaient se grouper lentement, grâce à une énergie persévérante et à un génie héréditaire, les éléments de la grande nation. Le Duché de France est donc le berceau de la France. Là seulement se conservait le nom de France ; ailleurs il n'y avait plus de France. Aussi, la famille qui possédait ce Duché s'appelait-elle la Maison de France, et les Ducs Robert, Eudes, Hugues étaient de leur nom patronymique Robert de France, Eudes de France, Hugues de France. Nom providentiel, sceau le plus magnifique d'une royauté! C'est bien alors que celui qui portait ce nom, et qui était le dépositaire de l'avenir de notre pays, aurait pu dire à la face des peuples : *la France c'est moi!* C'est ce nom de Maison de France qu'a gardé la descendance de Robert et de Hugues. La Maison de France, indissolublement unie à la nation, a traversé les âges, accomplissant les gestes de Dieu ; elle s'est étendue sur l'Europe et jusque dans le Nouveau-Monde, étendant ainsi la France elle-même. La Maison de France a pris le pas sur toutes les Maisons souveraines ; elle a fait reconnaître sa primauté, ses droits de préséance par les monarques étrangers jusque dans leurs propres capitales, et il est incontestable qu'il n'y eut jamais de plus illustre race. La nationalité française est l'ouvrage et la gloire de la Maison de France ; mais la France doit aussi considérer la Maison de ses anciens rois comme sa première gloire, comme sa propriété la plus précieuse. Ces gloires sont inséparables.

Nous allons voir comment la Maison de France a rempli sa mission de conquête. Les revers ne lui ont pas été épargnés, et elle a souvent commis des fautes ; c'est la loi de tout ce qui touche à l'humanité. Mais, en dépit de ces revers, l'œuvre de nationalité se poursuit ; malgré ces fautes, l'idée de l'agrandissement graduel du territoire subsiste et se réalise. La conquête, sanglante ou pacifique, est fréquemment interrompue, elle n'est jamais abandonnée.

La première province qui vint se joindre à celles de l'Ile-de-France, de l'Orléanais et de la Picardie, fut le Berry. Le roi Philippe Ier l'acheta du vicomte de Bourges en l'an 1100. Le temps est passé où les princes consacraient les économies de leur maison et les épargnes de l'État à acquérir des provinces. Le Berry sera plus tard, quand l'étoile de la France pâlira pour un moment devant celle de l'Angleterre, quand notre territoire sera envahi, le dernier asile de l'indépendance, et le roi de France abandonné recevra le surnom de roi de Bourges, surnom plus touchant que dérisoire.

La conquête de la Normandie date de Philippe-Auguste. Depuis 300 ans, cette province était au pouvoir des Normands, et quand Guillaume s'était emparé de l'Angleterre, elle était devenue une colonie anglaise. En 1192, Philippe-Auguste entre pour la première fois dans la Normandie; il en conquiert seulement une portion. Huit ans plus tard, le valeureux monarque recommence la guerre, et arrache à Jean sans Terre la province entière, après avoir fait déclarer par la cour des Pairs le prince anglais parjure, meurtrier, félon et dépossédé de tout droit.

La Touraine, appelée le jardin de la France, suit le sort de la Normandie. Confisquée en vertu du même arrêt de la cour des Pairs contre le roi d'Angleterre, elle est pareillement occupée par les armées du vainqueur de Bouvines.

Mais les conquêtes ne s'affermissent pas en un jour. Il fallut que saint Louis consolidât l'œuvre de Philippe-Auguste, et un traité conclu avec le roi d'Angleterre sanctionna l'acquisition de la Normandie et de la Touraine.

Toutefois encore, la possession de la Normandie devait être sujette à de nouvelles contestations; les soldats anglais, en des jours néfastes, devaient occuper cette terre fertile, et la Providence qui veille aux destinées de la monarchie française avait choisi la ville de Rouen pour y dresser le bûcher de la vierge héroïque offerte en holocauste pour la France. Afin de n'avoir pas à revenir là-dessus, nous rappellerons, par anticipation sur les dates, que, au milieu du quinzième siècle, la bataille de Formigny gagnée par Dunois, le compagnon d'armes de Jeanne d'Arc et l'un des plus grands capitaines de Charles VII, nous rendit Rouen et la Normandie. Cette fois l'union fut solide.

Quelques jours après la mort de saint Louis, une flotte française ramenait d'Afrique les débris de l'armée décimée par la peste. Un frère de saint Louis meurt à son tour durant la traversée. Ce frère était Alphonse, à qui une habile prévoyance avait fait épouser l'héritière du comte de Toulouse. Alphonse ne laissant pas d'enfants, le Languedoc se trouvait par droit de réversion appartenir à la France. L'acquisition de ce riche pays n'est pourtant pas due exclusivement à Philippe III *le Hardi,* fils et successeur de saint Louis; il fallut encore une ordonnance de l'infortuné Jean II, en date de 1361, et les exploits guerriers de Charles V *le Sage* pour consommer l'union.

L'année 1312 voit les troupes de Philippe IV *le Bel* entrer victorieuses dans le Lyonnais. La réunion est le résultat de la conquête. Quelques concessions honorifiques à l'archevêque et au chapitre de Lyon terminent cette heureuse entreprise, qui fut conduite par le fils du roi en personne, le même qui régna ensuite sous le nom de Louis X *le Hutin.*

Nous allions omettre qu'en 1284 Philippe *le Bel* avait épousé Jeanne de Navarre, héritière du comté de Champagne. C'était en réalité la France qui avait recueilli tout le profit de ce présent de noces de la princesse à son époux.

Ainsi se grossissait le faisceau des provinces françaises, avec cette lenteur régulière qui est un gage de durée. Dans cette marche de la royauté et de la nation, on n'aperçoit rien de saccadé ni de téméraire.

Philippe VI est sur le trône. C'est une époque d'épreuves pour la nation. Le nom seul de ce prince rappelle la bataille à jamais lamentable de Crécy qui mit le royaume à deux doigts de sa perte. Au milieu de ses revers et comme compensation, Philippe VI trouva le moyen de pousser nos frontières vers la barrière des Alpes. En 1343, Humbert II, comte de Dauphiné, inconsolable de la mort de son fils unique, vient à Paris sur l'invitation du roi de France. Touché de la noble hospitalité du monarque, il lui cède ses États et se prépare à se retirer dans un couvent. L'année suivante, Humbert II confirme l'acte de cession. Peu s'en faut néanmoins que l'héritage n'échappe à la France, car le comte viennois, changeant tout à coup de dessein, va contracter un second mariage. A force d'habileté, Philippe VI prévient ce funeste retour, et enfin un traité définitif conclu en 1349 déclare pour toujours françaises les belles vallées de l'Isère.

Le Limousin fut enlevé aux Anglais à la pointe de l'épée sous Charles V *le Sage*. Ce fait date de 1369.

Un an plus tard, ce grand roi chasse les Anglais de l'Angoumois.

Le Poitou, la Saintonge et l'Aunis sont presque en même temps occupés victorieusement.

Charles *le Sage* a donc enrichi la France de cinq provinces, et cela sans paraître en personne dans les combats. De sa capitale il dirigeait tout avec un coup d'œil sûr.

Nous voici à cette terrible crise des règnes de Charles VI et de Charles VII dans laquelle faillit périr la nationalité française. Notre sol est foulé par l'étranger ; l'œuvre du génie et du courage de nos princes est presque entièrement détruite, comme une grande cité édifiée par de laborieuses générations qui s'abîmerait un jour dans un incendie. La royauté est trahie par les hommes ; Dieu seul la soutient et lui envoie la bergère de Domrémy. Avec l'aide de la messagère de Dieu, la royauté relève la fortune de la France. L'Anglais est repoussé. Nos provinces rentrent au giron dont elles avaient été arrachées. Charles VII reparaît triomphant dans tous les pays dont ses aïeux avaient fait la conquête. Toutes nos richesses territoriales nous sont rendues ; les destinées de la patrie sont reprises ; le royaume grandit, et la Maison de France marche encore en avant pour guider le peuple. Non content de réparer les désastres de l'invasion, Charles VII ne veut pas achever sa carrière sans avoir, lui aussi, ajouté un fleuron à la couronne. Les Anglais conservaient Bordeaux et la Guyenne ; ils sont attaqués par Dunois, et la bataille de Castillon, livrée en 1453, oblige les insulaires à remonter sur leurs vaisseaux.

La plus grande partie de la Gascogne est reliée à la France du même coup que la Guyenne.

Désormais la mission de la royauté ne sera plus entravée par d'aussi terribles épreuves. Le faisceau des provinces françaises est déjà imposant, et la nation présente un corps plus ferme, plus homogène.

La politique succède aux combats. Louis XI conquiert, mais par sa diplomatie.

La mort de Charles le Téméraire, tué sous les murs de Nancy, ouvre la succession de Bourgogne. La branche mâle de la famille ducale s'étant éteinte dans la personne de Charles le Téméraire, le roi Louis XI se hâte de faire valoir le droit féodal, et la Bourgogne est incorporée au royaume. Ce ne fut, certes, pas sans peine, et Louis XI dut tenir tête à l'empereur d'Allemagne.

Après cette acquisition, Louis XI en prépare une autre. L'incomparable habileté de sa politique amène Charles d'Anjou, qui réunissait sur sa tête les trois couronnes féodales de l'Anjou, du Maine et de la Provence, à léguer ces provinces à la France. Le succès le plus éclatant paie la sollicitude du monarque, qui, en descendant au tombeau, peut s'applaudir d'avoir ajouté un immense territoire à l'héritage de ses ancêtres.

La Bretagne, terre classique de la liberté, des héros et des martyrs, a été acquise par Charles VIII. L'héritière du duché était sur le point de le porter à Maximilien d'Autriche, à qui elle avait été fiancée. Charles VIII, après d'innombrables obstacles surmontés, obtient sur Maximilien et sur d'autres rivaux la main de la princesse pour lui, et la Bretagne pour la France.

Malheureusement, la mort de Charles VIII remit tout en question, et, nonobstant les traités, la Bretagne risquait d'être séparée de nouveau, quand Louis XII, épousant la veuve de son prédécesseur, consomma, pour jamais, l'union politique de la province. Par une prévoyance qu'on ne saurait assez admirer, il avait été stipulé, lors du mariage de Charles VIII, que si ce Prince mourait sans enfants, Anne de Bretagne épouserait son successeur.

La trahison du connétable, en 1523, valut trois provinces à la France. François Ier fit rendre par les Pairs un arrêt de confiscation de la Marche, de l'Auvergne et du Bourbonnais. François Ier avait alors l'Europe sur les bras; néanmoins le haut arrêt fut exécuté, et le royaume accru d'autant. Si, un jour, le chevaleresque captif de Charles-Quint dut écrire : *Tout est perdu, fors l'honneur,* la France lui rendra cette justice de reconnaître qu'il sut recouvrer ou acquérir beaucoup plus qu'il n'avait perdu.

L'avénement au trône, par Henri IV, de la branche de Bourbon, branche la plus glorieuse de la Maison de France, fut marqué par d'autres agrandissements du territoire. Plus que jamais, cette auguste race s'identifie au pays; plus fidèlement que jamais, elle en dirige du cœur, de la tête et du bras la mission. Pour inaugurer cette période nouvelle, Henri IV apporte à la France l'héritage de ses pères, savoir: la province de Béarn, le comté de Foix et une portion de la Gascogne. C'est ainsi que ces Princes payaient leur bienvenue.

Louis XIII, aussi, fut conquérant: en 1644, il arracha l'Artois, le Roussillon et l'Alsace aux Espagnols. Le traité des Pyrénées confirma sous son successeur la décision de la victoire.

Louis XIV personnifie le génie des conquêtes. Le traité des Pyrénées, signé en 1659, assura, comme nous venons de le dire, le Roussillon, l'Artois et l'Alsace au domaine national. L'Alsace nous avait été cédée par le traité de Westphalie en 1648; mais il avait fallu une nouvelle sanction, et plusieurs fois encore Louis XIV dut recourir aux armes pour repousser les invasions tentées de ce côté.

La Flandre a été conquise par Louis XIV.

La Franche-Comté a été conquise par Louis XIV.

Le Nivernais a été réuni sous Louis XIV, par l'extinction du droit féodal dans la famille qui en avait la possession.

Arrêtons-nous quelques instants au déclin de l'ancienne monarchie. Les dernières années du règne de Louis XIV présentent un spectacle digne de l'éternelle admiration de la postérité. Ce spectacle montre le caractère des Princes qui ont marché durant tant de siècles à la tête de la nation, et révèle combien ils avaient à cœur la grandeur de la patrie.

Louis XIV, que dans toutes les cours de l'Europe on appelait le Roi, après avoir donné des trônes à ses petits-fils, et son nom au siècle le plus remarquable de l'histoire, avait vu soudain le bras de Dieu s'appesantir sur lui. Une fortune inouïe avait fait place à des adversités non moins étonnantes. Le deuil était dans sa famille, et en quelques mois presque toute sa postérité était descendue dans les caveaux de Saint-Denis. La victoire avait déserté le drapeau blanc, et les peuples coalisés débordaient sur nos frontières, redemandant les provinces dont s'était agrandi le royaume, et menaçant de démembrer cette belle monarchie, si laborieusement élevée. Louis XIV, cependant, ne donnera pas un signe de faiblesse. Il ne se laissera pas, comme plus tard un autre conquérant, abattre par les revers, et surtout il ne cherchera pas à échapper à ses ennemis par le poison, comme Napoléon à Fontainebleau. Calme et serein, le vieux monarque se montre au-dessus de ses infortunes. Il peut obtenir la paix en abandonnant ses conquêtes, mais il sait qu'un roi de France n'a pas le droit d'aliéner ses sujets. Il n'achètera pas au prix de la dignité nationale un peu de repos pour sa vieillesse, « Allez, » dit-il à Villars, allez, monsieur le maréchal, je vous

» confie ma dernière armée; si vous êtes battu, retirez-
» vous derrière la Somme, et écrivez-moi, mais à moi
» seul. Je monterai à cheval, et votre lettre à la main,
» je parcourrai les rues de Paris. Mon peuple me suivra,
» et nous irons mourir ensemble. » La Providence
voulait épargner à Louis XIV et à la France cette
extrême calamité. Nos armées triomphèrent de la
coalition. La bataille de Denain fut notre salut, et
nous conservâmes la plupart de nos conquêtes.

Voilà l'œuvre de Louis XIV. Nous verrons bientôt
si la révolution a eu cette fécondité conservatrice;
nous verrons si le plus grand génie des temps mo-
dernes nous a laissé un héritage aussi solide.

Le règne de Louis XV est certainement, sous beaucoup de rapports, un des plus tristes de notre histoire.
La corruption de l'intelligence et des mœurs, prépa-
rée par la régence du duc d'Orléans, est devenue
effrayante, et nous n'essaierons pas de dissimuler que
le monarque eut une trop large part à la démoralisa-
tion générale. Royauté, société, tout s'en va. C'est un
siècle de décadence honteuse. Eh bien! encore, au
sein des voluptés, dans cet énervement universel, la
monarchie n'oublie pas son office, et Louis XV agran-
dit l'héritage de ses aïeux. Louis XV nous a donné la
Lorraine et la Corse.

Telle fut l'œuvre de l'ancienne monarchie. Cette
œuvre est si admirable, les titres de nos rois à la
reconnaissance populaire sont si incontestables, que
l'un de nos adversaires les plus prononcés, un servi-
teur idolâtre de Napoléon, le comte de Las Cases n'a
pu s'empêcher d'écrire :

« Sous la troisième race, il s'écoule à peine deux
» générations qu'on ne rencontre un grand prince et
» de grands événements. »

La troisième race, « par une politique non inter-
» rompue, une sagesse constante et une longue suite
» de succès, a recouvré et organisé de nouveau en
» un seul corps tous les démembrements épars. »

Dans notre rapide exposé, on aura remarqué sans
doute que nous enregistrons seulement les conquêtes durables, celles que nous gardons encore
aujourd'hui. Nous passons sous silence tout ce qui
n'eut pas de stabilité, tout ce qui a maintenant cessé
d'être. Nous laissons de côté toutes les brillantes
campagnes, toutes les entreprises héroïques, tous les
succès de la diplomatie. Notre but n'est pas de repré-
senter un tableau, même en cadre étroit, des gloires
de la monarchie française, mais de dresser une sorte
de bilan, que nous terminerons tout à l'heure par
une simple addition, tout comme s'il s'agissait d'un
compte de négociant.

Il faut noter, en outre, que l'annexion d'une province n'a pas toujours eu lieu d'un seul coup, et que
diverses portions de territoire enclavées dans les
grandes provinces ont été réunies en des circonstances
différentes. Ainsi, le comté de Clermont n'a pas été
réuni en même temps que l'Auvergne, au milieu de
laquelle il se trouve situé ; mais il nous a été concédé
par le traité des Pyrénées. Dunkerque a été acheté par
Louis XIV à l'Angleterre en 1663. Strasbourg n'a ou-
vert ses portes à Louis XIV qu'assez longtemps après
la prise de possession du reste de l'Alsace. Les trois
évêchés de Toul, Metz et Verdun nous appartiennent
depuis le traité de Westphalie, c'est-à-dire depuis
une époque antérieure d'environ un siècle à la réunion de la Lorraine, qui ne s'opéra de convention
qu'au traité de Vienne en 1735, et de fait qu'à la mort
de Stanislas de Pologne en 1766, etc., etc. Nous avons

négligé ces détails, bien qu'ils aient certainement leur importance, pour embrasser les faits d'une vue plus vaste et plus rapide.

Maintenant nous entrons dans une autre époque. La révolution commence avec ses phases diverses. Nous allons voir ce qu'ont su faire les trois pouvoirs sortis successivement de son sein, la République, l'Empire et la Royauté de Juillet. Ces trois périodes étant plus rapprochées de nos jours, nous les parcourrons avec plus de lenteur. A la République, à l'Empire, à la Royauté de Juillet, nous demanderons: Que nous avez-vous donné? Quelles conquêtes, quels agrandissements avez-vous apportés à la France? Ne cherchons pas si vous avez produit beaucoup de fracas, accompli beaucoup d'exploits. Non, ce n'est pas de cela qu'il s'agit. Pour l'ancienne monarchie, nous n'avons apprécié que les conquêtes consolidées, et nous n'avons tenu aucun compte de ce qui, après avoir été gagné, a été plus tard perdu. Il est juste que nous usions du même poids et de la même mesure à l'égard des pouvoirs issus de la Révolution. Point de phrases, mais des faits et des chiffres. Nous ne jetons de la poussière sur aucunes gloires, mais nous voulons autre chose que des gloires : la France a assez de gloires, et elle n'a pas attendu la Révolution pour en cueillir. Nous allons droit à la conclusion, et il n'y a que cette conclusion qui mérite de figurer au crédit de la République, de l'Empire et de la Royauté de Juillet.

Quoique la République n'ait été proclamée que le 21 septembre 1792, à l'ouverture de la Convention, la monarchie et l'ancienne société française étaient déjà mortes en 1789. La Révolution fut déclarée le 17 juin, lorsque les députés aux États-Généraux, déchirant leurs mandats, s'érigèrent en Assemblée constituante ; elle fut consommée le 23 juin, lorsque Louis XVI souffrit que l'Assemblée bravât impunément l'autorité royale et poursuivît l'accomplissement du serment séditieux prononcé dans la salle du Jeu de Paume. De même, la République ne fut légalement abolie qu'en 1804, lorsque Bonaparte se fit décerner la couronne impériale ; mais de fait, elle avait été anéantie par le coup d'État du 18 brumaire 1799. Traversons donc ces fleuves de sang, franchissons ces ruines qui, après soixante-dix ans, sont encore fumantes. Quelle était notre fortune territoriale, lorsque le héros des Pyramides vint reprocher au conseil des Cinq-Cents les malheurs de la patrie ?

La Convention avait d'abord fait face à tous ses ennemis. Dès l'année 1792, Dumouriez couvrait la Belgique et menaçait la Hollande. En 1794, Pichegru et Jourdan exécutaient la seconde invasion des Pays-Bas. En 1795, Pichegru et Jourdan se jetaient dans l'Allemagne. En 1796, Moreau et Jourdan s'avançaient, l'un dans la Bavière, et l'autre jusqu'en Bohême. En 1796, le Directoire envoyait le jeune Bonaparte en Italie. Royautés, oligarchies, républiques, tout s'écroulait sous les pas des Français, et il ne fallait qu'une campagne pour nous rendre maîtres de la Péninsule transalpine. En 1798, le Directoire donnait 40 mille hommes au vainqueur de l'Italie pour aller planter le drapeau républicain sur la terre des Pharaons.

Certes, c'étaient là des conquêtes, et des plus étonnantes. Nous éprouvons le besoin de le répéter, nous ne repoussons aucunes gloires. Mais il ne suffit pas de conquérir, il faut pouvoir conserver, et il est de l'humanité comme d'une bonne politique de ne pas arroser stérilement de flots de sang des provinces au milieu desquelles on campe aujourd'hui par le droit du plus fort pour les abandonner demain en vertu du même droit et suivant les caprices de la fortune. Courons donc au but : où se sont terminées ces grandes expéditions de la République? Que nous restait-il au 18 brumaire?

A ce moment, c'est-à-dire en 1799, l'armée française était de 170 mille hommes. La cour de Vienne avait concentré 250 mille hommes entre le Danube et l'Adige. Nos 170 mille hommes étaient ainsi distribués : 45 mille sur le Rhin, commandés par Jourdan; 30 mille en Suisse, aux ordres de Masséna; 15 mille dans les Pays-Bas, conduits par Brune; 30 mille dans le royaume de Naples, sous Macdonald; 50 mille dans la Haute-Italie; Scherer, qui était à la tête de ces dernières troupes, fut remplacé d'abord par Joubert, puis par Moreau.

La victoire avait partout déserté le drapeau français : le 25 mars, Jourdan était battu à Stokack, et le 5 avril, il repassait le Rhin. Le même jour, 5 avril, Scherer était vaincu aux portes de Vérone, et Masséna se repliait précipitamment vers les montagnes. Le 19 juin, Macdonald, écrasé sur la Trébie, se hâtait de ramener les débris de son armée. Cent soixante mille Austro-Russes occupaient l'Italie. Souvarow rencontrait les Français à Novi le 15 août; Joubert tombait au premier rang, et Moreau accablé par le nombre évacuait la Péninsule. Souvarow s'élançait par les gorges de la Suisse, et la France allait être entamée, si Masséna n'eût arrêté les Russes sur le lac de Zurich.

Vers le midi, il ne nous restait que Gênes, et encore Masséna allait bientôt y être bloqué. Du côté de l'Allemagne, nous possédions toujours la Belgique, mais notre situation y était plus que précaire. Si le retour de Bonaparte n'eût changé la face des affaires, il n'eût pas été possible aux 15 mille hommes de Brune de tenir longtemps contre l'armée autrichienne. De plus, et ceci est surtout à apprécier, comme résultat, sans examiner la moralité des moyens, le territoire avait été arrondi du comtat d'Avignon confisqué sur le pape. Nous ne parlons pas de l'Egypte, où notre armée était comme prisonnière des Anglais, et qui devait être, ainsi que l'Allemagne et l'Italie, le tombeau des Français.

Telle était la France de 1799. En résumé, une province irrévocablement acquise, et des États riverains occupés temporairement par des armées sans pain, sans vêtements, démoralisées, réduites à la retraite : voilà où nous en étions à la fin de la République. Bonaparte avait donc raison de dire au Directoire : « L'ennemi passe vos frontières. » Nous ajouterons que ce n'était pas la peine de dépenser tant d'énergie et de bouleverser le monde pour en venir à ce point. Néanmoins, ne soyons pas injuste : c'était peu, mais c'était quelque chose. Les gouvernements qui, depuis, ont tenu en main les affaires de la France ne lui ont pas tous laissé autant en se retirant. Si le comtat Venaissin est seul resté de tout ce qu'avait envahi la République, la République n'en est pas uniquement responsable, et elle a le droit de se décharger en partie sur le pouvoir qui lui a succédé.

L'Empire commence réellement le 18 brumaire 1799 pour finir aux champs de Waterloo le 18 juin 1815. Tout ce qui a été fait entre ces deux époques appartient à Napoléon.

Le nom seul de Napoléon éveille l'idée de conquête. A notre avis, toutefois, le seul conquérant auquel on puisse rendre grâce de ses conquêtes est celui qui, sachant borner ses entreprises en vue de la stabilité, ne s'avance qu'à pas sûrs et met le pays conquis à l'abri des retours de la fortune. Le conquérant qu'un peuple doit souhaiter n'est pas celui dont les conquêtes se dissolvent le lendemain de sa mort ou d'une défaite, mais celui qui les transmet intactes à ses successeurs. Aussi avons-nous le droit d'être sévères pour Napoléon, qui, devant et pouvant agrandir le territoire de son pays, ne lui a légué que des désastres.

Napoléon vole de l'Oder au Mançanarès. Quelques jours lui suffisent pour écraser les coalitions; sa seule présence opère ce que n'ont pu accomplir le courage et la science des meilleurs capitaines de son empire, et d'un trait de plume il efface les limites des royaumes, ou décrète la déchéance des dynasties.

En 1800, il franchit le Saint-Bernard ; la bataille de Marengo lui livre la Lombardie et le Piémont. En 1805, il réunit à son empire les États de Gênes, s'empare de la principauté de Parme, donne la république de Lucques à sa sœur ; puis, traversant le Rhin, il court arborer ses aigles sur le Schœnbrunn, anéantit la troisième coalition dans les plaines d'Austerlitz, dicte le traité de Presbourg qui, assurant de grands apanages à ses généraux, reconstitue une féodalité, crée les royaumes de Bavière et de Wurtemberg, et déclare les Bourbons de Naples déchus de leurs droits. En 1806, il organise la Confédération du Rhin qui assure sa domination en Allemagne, érige les royaumes de Saxe et de Westphalie qui ne seront que des fiefs de son empire, exécute en quelques jours la campagne d'Iéna où s'écroule la monarchie prussienne, et par le blocus continental enferme l'Angleterre dans sa ceinture de rochers, mais en ruinant le commerce français. Le traité de Tilsitt pousse les frontières de la France jusqu'à l'Elbe. En 1808, l'Espagne et le Portugal sont conquis. En 1809, Napoléon entre une seconde fois à Vienne; la bataille de Wagram le rend le dispensateur suprême des rois et des peuples; il se contente modestement de la Carinthie, de l'Illyrie, du littoral de la Hongrie et des États de l'Église. En 1810 la Hollande est partagée en départements français. En 1811 et 1812, le Valais, les villes anséatiques, le duché d'Oldenbourg et la Poméranie suédoise sont ajoutés à cet empire dont les proportions rappellent celui de Charlemagne.

On le voit, nous ne cherchons nullement à affaiblir l'éclat des exploits de cet homme extraordinaire.

Nous n'avons pas fait remarquer avec quel fastueux dédain il se jouait des diadèmes, les plaçant sur le front de ses frères et de ses soldats, pour les enlever lorsque les nouveaux souverains hésiteront à sacrifier la dignité et le repos de leurs sujets à l'ambition du bienfaiteur. Nous n'avons pas même fait mention des iniquités qui souillent ces faits et gestes, et nous avons semblé passer l'éponge sur les taches d'une vie qui a été le sujet de jugements si divers.

Mais voilà que le bras de Dieu pèse sur celui dont la mission fut de châtier, et qui fut châtié à son tour. Nous assistons aux plus épouvantables catastrophes qu'ait enregistrées l'histoire. Deux invasions nous apportent le deuil, et les armées de l'étranger s'installent dans les murs de Paris. Ces deux invasions, on sait à qui il les faut imputer. Nous n'entrerons pas dans une digression pour prouver que la Restauration est pure de cet opprobre; cette mensongère accusation est aujourd'hui usée. Un homme qui se respecte n'oserait plus compromettre sa bonne foi en empruntant le langage des traînards du libéralisme. D'ailleurs, le président du Sénat, M. Troplong lui-même s'est chargé de rétablir la vérité par ce jugement, inséré dans le *Moniteur* du 13 avril 1853 : « Quand les légitimistes » nous disent que la guerre de 1814 n'a pas été faite » exprès pour rétablir les Bourbons, ils sont dans la » vérité de l'histoire. » Non ! ce n'est pas la Restauration qui a amené l'étranger : c'est Napoléon, et Napoléon seul. Le temps des déclamations doit être passé, et nous ne pouvons pas plus accepter comme témoignages historiques le langage du chauvinisme parlementaire des comédiens de quinze ans que les légendes des vieux grognards. La Restauration n'est pas venue dans les bagages de l'étranger, mais elle est accourue aux jours de nos malheurs pour relier l'avenir au passé, pardonner à toutes les erreurs, sauver toutes les gloires et réparer tous les désastres. La Maison de France n'avait jamais séparé ses destinées de celles de la nation ; elle rapportait de l'exil le même génie, le même amour du pays, la même jalousie de nos droits et de nos libertés, la même fierté vis-à-vis de l'étranger. La Maison de France s'interposa entre l'Europe irritée et le peuple français. La Maison de France sauva en 1815 ce royaume que dans les siècles précédents elle avait formé et agrandi.

Pendant que le vaisseau de la fortune emporte le maître du monde aux rivages de Sainte-Hélène, énumérons nos richesses territoriales :

TOUTES NOS CONQUÊTES ONT ÉTÉ PERDUES : Il ne nous est pas resté *une province, une ville, un hameau, un pouce de terrain* de toutes nos victoires. Les conquêtes de la République nous ont été enlevées, hormis le comtat d'Avignon. Bien plus, le territoire de Louis XVI a été entamé ; Landeau a été livré à la Bavière, Sarrelouis à la Prusse, et on a fait à la ville de Bâle le sacrifice des fortifications de Huningue. Nous insistons : Napoléon n'avait régné que par les conquêtes ; c'était son prestige, qu'on nous passe le mot, sa *spécialité.* S'il nous eût légué son empire, nous avions payé assez cher cette magnifique succession. Mais on ne peut assez répéter, et aujourd'hui plus que jamais, que Napoléon n'a pas su conserver une *seule* de ses conquêtes, et qu'il a laissé la France amoindrie.

Ainsi donc la France avait suivi pendant quinze ans son autocrate; trois millions de Français étaient tombés sur les champs de bataille; le monde avait été mis en convulsion pour arriver à un mouvement rétrograde! C'est l'occasion de rappeler ces paroles prononcées par M. Berryer, le jour de sa réception à l'Académie française, et qui sont encore un arrêt trop doux : « Il ne nous est resté de l'Empire qu'un fatal » exemple de despotisme et un dangereux souvenir de » conquêtes perdues. »

Nous rentrons maintenant par la Restauration dans l'histoire de l'ancienne monarchie.

La première sollicitude de ces Bourbons, revenus en France au milieu d'immenses acclamations d'une joie qui tenait du délire, et presque malgré l'étranger, fut, comme nous le disions tout à l'heure, de s'opposer au démembrement du royaume. Les plans de partage étaient déjà tracés, et, en 1818, au congrès d'Aix-la-Chapelle, l'empereur de Russie remit au duc de Richelieu une carte où étaient dessinées les nouvelles frontières qu'on avait voulu un moment nous imposer : Lille, Metz et Strasbourg auraient dû nous être enlevées avec deux lieues en deçà, depuis la Flandre jusqu'à l'Alsace; les départements du Nord, des Ardennes, de la Meuse, de la Moselle, du Bas-Rhin, auraient été déchirés en faveur de l'Allemagne. Si ces projets n'eurent pas de suite, ce fut grâce à l'attitude énergique de Louis XVIII, et la justice demande que nous tenions compte de cette fermeté, comme d'une conquête, au gouvernement des Bourbons.

Les quinze années de la Restauration furent occupées à l'intérieur par les luttes parlementaires qui entravèrent la pacification, et, à l'extérieur, par de nobles interventions, en Espagne et en Grèce, interventions qui avaient surtout pour but de nous relever de l'abaissement des deux invasions, amenées par Napoléon, interventions qui nous rapportaient des bénéfices d'influence et d'honneur, et qui préparaient les voies à des conquêtes plus solides que celles du gouvernement tombé. Lorsque les familles avaient à peine séché leurs larmes, ce n'était pas encore le moment de déborder sur le Rhin pour recueillir les épaves dispersées de notre ancienne puissance. Mais la pensée d'agrandir la France subsistait dans les Conseils du gouvernement; nos princes travaillaient en secret pour la réaliser. Pendant que le libéralisme, ce libéralisme qui, en 1815, n'avait pas rougi d'aller demander un roi à l'étranger, minait leur trône et leur jetait d'odieuses inculpations, eux, plus occupés de nos intérêts que de leur propre sécurité, préparaient, par leur diplomatie, l'extension de nos frontières. Il est aujourd'hui avéré, il a été attesté par les personnes les moins suspectes de partialité en faveur de la Maison de France, notamment par le général Lamarque et par M. Louis Blanc dans son *Histoire de dix ans,* que d'habiles négociations étaient entamées avec les puissances étrangères pour recouvrer la Belgique et la rive gauche du Rhin. La Révolution de 1830 arriva au moment le plus fatal, et coupa court aux négociations. La Révolution put donc se flatter, une fois de plus, de nous avoir fait perdre nos conquêtes, et nous sommes redevables aux héros des trois *glorieuses* journées de juillet d'être aujourd'hui resserrés en des limites arbitraires.

Mais avant de reprendre le chemin de l'exil, les Bourbons firent à la France un présent vraiment royal, un présent digne d'eux et de leurs ancêtres : ce présent fut l'Algérie. La prise d'Alger fut leur adieu à la nation, adieu plus magnanime que toutes les parades militaires ou les testaments à phrases sonores. Et notons bien que le gouvernement qui a pris Alger, malgré l'Angleterre, n'a pas fait payer à la France cette conquête par des emprunts, par des impôts, par des dépenses de milliards. L'expédition coûta une cinquantaine de millions ; une somme supérieure fut trouvée dans la Casaubah, et le général de Bourmont donna l'ordre qu'elle fût envoyée au Trésor.

Le gouvernement de Juillet, né d'une révolte, sembla n'avoir que très-peu de sollicitude pour l'agrandissement du pays, et manqua les occasions les plus favorables pour briser les barrières qu'avaient élévées nos vainqueurs de 1815.

En 1830, la Belgique manifesta le désir de devenir française. En acceptant cette union, moins périlleuse qu'on ne feignait de le croire, on enlevait à nos ennemis le pied à terre qu'ils s'étaient réservé aux portes de Paris. La Belgique, repoussée dans ses sympathies, demanda un roi qui eût du sang français dans les veines, et offrit la couronne au duc de Nemours ou au fils d'Eugène de Beauharnais. Le gouvernement de Juillet n'osa pas même laisser placer un Français sur le trône de Belgique. Il envoya à Bruxelles un représentant qui avait déjà figuré en 1815 dans la députation de libéraux qu'on vit à Haguenau mendier auprès des rois pour obtenir un souverain même étranger, pourvu qu'il ne fût pas de la Maison de France. Ce représentant était le général Sébastiani. Sébastiani déclara que, l'Angleterre s'opposant à l'une et à l'autre des candidatures du duc de Nemours ou du prince de Leuchtenberg, Louis-Philippe se croyait obligé de s'y opposer également. Quelque temps après, une députation venue à Paris sur une fausse espérance éprouva un nouveau refus.

Dès-lors, l'occasion a peut-être été perdue pour jamais, ou du moins pour longtemps, de recouvrer la Belgique. La Belgique s'est depuis formée en corps de nation ; cette nation a acquis de l'homogénéité ; les sympathies pour la France ont diminué, surtout quand les Belges ont reconnu par la comparaison de leur régime gouvernemental avec le régime mis en vigueur chez leurs voisins, qu'ils n'avaient rien à gagner à la réunion, sinon des atteintes à leurs libertés.

Pendant ce temps-là, une femme héroïque, une princesse proscrite, errante, poursuivie par une armée, vendue par la trahison, s'occupait encore de ces limites du Rhin que la Restauration devait nous rendre au moment de sa catastrophe. Cette Maison de France, ces Princes de la branche aînée des Bourbons, ont l'âme si française que nos ingratitudes ne peuvent leur faire oublier les intérêts de la patrie ; dans l'exil, comme sur le trône, dans l'infortune comme dans la prospérité, ils poursuivent du cœur, de la plume ou de l'épée l'œuvre du passé et les destinées de l'avenir. MADAME, duchesse de Berry, chargea le comte Luchesi et le maréchal de Bourmont d'entamer des négociations avec la Hollande. De sa prison de Blaye, MADAME écrivait à Chateaubriand :

« Convaincue que la seule manière d'être comprise
» par les Français, c'est de leur parler le langage de
» l'honneur et de leur faire envisager la gloire, j'avais
» eu la pensée de marquer le commencement du règne
» de mon fils par la réunion de la Belgique à la
» France. Le comte Luchesi fut chargé par moi de
» faire à ce sujet les premières ouvertures au roi de
» Hollande et au prince d'Orange; *il avait puissam-*
» *ment contribué à les faire bien accueillir.* Je n'ai pas
» été assez heureuse pour terminer ce traité, l'objet
» de tous mes vœux, mais je pense qu'il y a encore des
» chances de succès; avant de quitter la Vendée, j'a-
» vais donné à M. le maréchal de Bourmont des pou-
» voirs pour continuer cette affaire. Personne n'est
» plus capable que lui de la mener à bien, à cause de
» l'estime dont il jouit en Hollande. » Etc., etc.

Est-il rien de plus touchant, de plus noble, de
plus digne des sympathies du peuple français que
ces préoccupations qui suivaient nos Princes jusque
dans les fers? En fait de patriotisme, les Bourbons
peuvent donner des leçons à tous les gouvernants et à
tous les gouvernés.

Nous nous arrêtons à une autre révolution, issue
des barricades comme celle de 1830. La République
de 1848 est trop près de nous pour qu'il soit possible
d'en parler. On comprendra pareillement que nous
avons les meilleures raisons pour ne rien dire du gouvernement qui a succédé à la seconde République.
Nous passons de suite à la récapitulation.

La France en 1848, date à laquelle nous sommes
obligés de nous arrêter, comptait 36 provinces, savoir :
l'Alsace, l'Angoumois, l'Anjou, l'Artois, l'Aunis, l'Auvergne, le Béarn, le Berry, le Bourbonnais, la Bourgogne, la Bretagne, la Champagne, le Comtat Venais-

sin, la Corse, le Dauphiné, la Flandre, le comté de Foix, la Franche-Comté, la Gascogne, la Guyenne, l'Ile de France, le Languedoc, le Limousin, la Lorraine, le Lyonnais, le Maine, la Marche, le Nivernais, la Normandie, l'Orléanais, la Picardie, le Poitou, la Provence, le Roussillon, la Saintonge et la Touraine.

*Sur ces 36 provinces :*

La Légitimité nous en a donné. . . . . . 35
La République nous en a donné. . . . . 1
L'Empire nous en a donné moins que. . . 0
La Royauté de Juillet nous en a donné . . 0
L'addition est facile; le compte est clair et net.

C'est maintenant que nous pouvons demander, la tête haute : Qui a fait la France?

Ces *Titres* ne sauraient figurer parmi les *Titres de la Dynastie napoléonienne :* il nous a paru cependant opportun de les rappeler, et peut-être la France en tiendra-t-elle compte à qui de droit.

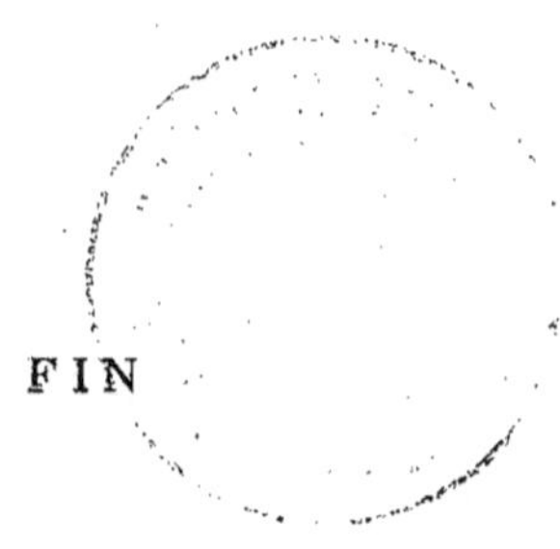

FIN

Paris. Imp. BALITOUT, QUESTROY et C⁵, rue Baillif, 7, et de Valois, 18.